陈震昇 著

太平洋会议与中美俄同盟

太平洋會議與中美俄同盟目錄

目錄

太平洋會議與中美俄同盟

●對抗日英同盟●
●修築亞美聯絡鐵路●

北京中國大學法科教授
日本早稻田大學政學士　陳震異　著

一　世界兩大問題還有一個沒有解決

這次凡爾塞會議以前，有兩個世界的大問題。這兩個問題，不曉得銷耗了好許多聰明人的腦筋，破壞了好許多有用的財物。那麼，這兩個大問題是甚麼呢？一個是近東問題，一個是遠東問題。遠東除掉日本以外的國，都是問題的國，一點實力都沒有，好像紙紮的人物一般，漫說那驚天動地的暴風海嘯不能抵抗，就是小小的細雨微風也就當不起，然而直到於今還能存在，豈不是一個奇謎嗎？我說這個奇謎并不難於解決，我們只把頭向西方一看，那個國於歐亞的土耳其，就是解決這奇謎的關鍵了。這是甚麼緣故呢？因爲土耳其是近東問題的主腦，也就是遠

一　世界兩大問題還有一個沒有解決　二

東問題的第一防禦綫。所謂登高必自卑，行遠必自邇，要想解決遠東問題，必先解決近東問題。這個順序若不做到，豈不是腹心之疾還沒醫好，就想大吃大飲增加病勢嗎？所以遠東問題能夠苟延殘喘，就是因爲土耳其在歐洲亞洲中間替遠東作一個防波堤罷了。這堤曾經一破於苦里米亞戰爭，再潰於俄土戰爭，雖然一時受了些災害，還能東補西綴，堤防的功効仍未全失。偏不幸遇着這次世界大戰，因爲洪水過猛，竟把遠東數百年的防波堅堤陡然衝破，現在已經是不能再行修復的狀況了。凡從前受此堅堤幸福的遠東各國，自此以後，恐怕要入多事之秋，偶不經意，馬上就被其禍。像這樣緊急的時候，遠東同病相憐的國或同情的國，應當如何共籌百年大計，再築牢固的堤防，以謀自衞呀！

遠東堤防的土耳其既已奔潰，近東問題算是解決告終。然那種滔天洪水，勢不能不找一個容納他的地方，那個地方就是遠東的太平洋沿海弱小國了。六千七百萬方哩的太平洋，向來平風浪靜，從未有甚麼驚濤大浪，間或稍有風波，却是影響不及全球，於今遠東屏藩既撤，今後的太平洋，恐怕再難太平了！

二　太平洋會議由來及性質

太平洋既像這樣危險，凡住在太平洋沿岸的人民怎麼不觸目驚心呢？假設遠東的國民若是力量很大，見識很高的，應該自起團結組織太平洋會議，從長計議，謀其幸福。今既無此力量和見識，只好讓與解決太平洋問題的國發起，我們利用這個機會，共籌萬全大策，也是一辦法。至若說到根本大策，必要先將這次太平洋會議的由來和性質研究出來，然後再行對症下藥，方才有効。

太平洋會議，原是起於日英同盟滿期，這同英帝國首相會議，加拿大和南阿首相以及與這日英同盟有反對利害的殖民地或國家，從中極力主張廢約才生出來的。在六月二十一日會議形勢，各殖民地首相都贊成南阿首相意見。他以為德國武裝解除及巴拿馬運河開通，則世界的外交已移於太平洋，日英同盟實沒有存在的餘地。於是都承認有關日英美三國海軍縮小會議的必要。乃六月二十五日紐約電，紐約晚報社說說美國意思都不情願加入日英美三國協定。他所舉的理由中有一條，說日本在已往十八年日英同盟期間，對於朝鮮及遠東門戶開放的政策，實令人極不滿意，吾人常與日本論爭的原因，就在這一點，說一句直爽話，美國的感情，都嫌惡日本，不願同他講甚麼協調。還有一條理由，說與其和日本同盟，不若直接商議，反且便於保護兩國利益，維持遠東平和。這兩條理由，是證美國不是先發起太平洋會議的。到後來英帝國會議，對於日英同盟有反對的，而且同盟期間已是滿了，正在不可如何的時候，忽然來一個救星，英國大法官巴健赫德說是日英同盟，還可以自動的再能繼續一年。於是勢如熾眉之急的難關，已大緩和，由是從長計議，英國遂照着英帝國會議多數意見，暗中向關係各國提議太平洋會議，這個證據，可看左邊電文便知。

七月十日倫敦電　據觀察報說，英國不獨於愛爾蘭事曾出大力，且於英美邦交上將起的頓挫，也嘗沒法消除。

七月七日英首相喬治在下院說，非等到中美日三國覆文到後，不能將英日同盟的事有所發表。恐怕說出，致有大害於太平洋會議的計畫。因美國不能以英國提議的結果，而後加入大會。這是使美國失了身分，且易使美人信爲是一種有益於日本的詭計。

七月十日巴黎電　馬丁新報說法國政府現極端贊成所提議的太平洋會議已把意思通告英國了。

第一電所謂且於英美邦交上將起的頓挫也嘗設法消除第二電所謂非等到中美日三國覆文到後……第三電所謂……已把意思通告英國了。這明明表示太平洋會議是英國最初暗暗的提出來了。至若慫慂美國出面的證據第二電末段……恐怕說出，致有大害於太平洋會議的計畫。因美國以英國提議的結果，而後加入大會這是使美國失了身分且易使美人信爲是一種有益於日本的詭計。而日本綱紀肅正會彈劾政府宣言書，更說得明瞭。他的中間有一段說，

太平洋會議，是英國嗾使美國提議的。英國所以這樣，是由日本政府對於已失効力的日英同盟，戀戀不捨，務期努力使英國無理繼續，遂至有這樣結果。實不外日本政府信仰他力的政策，自招的結果，及到這會將要開的時候，便卽狼狽不堪，大叫特叫說是國難，那種愚蠢，眞是令人可笑。

二　太平洋會議由來及性質

二　太平洋會議由來及性質

爲甚麼英國不自公然提議，却暗中嗾使美國出面呢？這有兩個來由。

一是外交的來由　日英同盟日本雖曾藉此泰山護符，在東亞占了許多便宜。而英國也嘗因此得了許多利益，例如從前抵制俄國南下，阻止德國東侵，借重日本勢力，實是不小。現在俄德情形大變，沒有可怕的地方，然英國所恃爲天府寶庫的印度，以後還要仰仗日本勢力替英國作爲守夜狗，代盡警備之勞，故英國也想繼續同盟。偏偏印度和此同盟有反對利害關係的國家，及英國自治領，大起反對，同盟生了波折。其中爲梗最凶的，只有美國，於是暗中使美國出面提議，一面緩和印度美國及其他反對同盟的心，却一面仍可與日本聯絡。英國的八面美人的外交，眞是巧到極處。

二是歷史的來由　英國外交，從歷史上看起了，歷來是狡猾。爲難的事，總使他國出面挺而坐險，却自己坐享其福。試看十九世紀的神聖同盟時候，英國很想新大陸獨立，以便作爲貿易的新市場，好得商業的利益，若是這些地方附屬西班牙，則貿易不能自由。於是英國慫慂美國出面，於一八二三年十二月二日宣佈門羅主義的大文章，擁護殖民地獨立，反抗神聖同盟的干涉。及到美國大功告成，自由主義普及，英國方才於一八二四年一月三十日公然宣言，痛論西班牙必須公認南亞美利加各國的獨立。人家打先鋒，他充當補充隊，這種狡猾手段，英國是用慣了的。這次太平洋會議也是用同樣的筆法，果然又大告成功，我們眞佩服英國的外交的是一個好手。

美國又爲甚麼就慨然承諾公然出面呢？若說美國加入軍備限制的日英美三國會議，那是美國極不願意和日本計議的。這個原因，前面已經講過，不再多說。美國所以答應英國的眞正原因，是在將遠東問題解決，這是美國的主旨。他以爲遠東問題是根本問題，軍備限制問題是枝葉問題。現在近東問題既已解決，所剩的只有遠東問題，而列強競爭擴張軍備，無非爲這遠東問題。今設澈底把這問題解決，所謂驚人動魄的軍備擴張，自然會縮小。所以這次太平洋會議美國不想各國留保一點條件。所有關於遠東問題的議案範圍，凡在會的無論那一國，都可以提議討論。紐約七月三十日，電說美國高級官對於太平洋會議範圍所下的解釋如左。

太平洋會議，專審議太平洋及遠東問題一般政策及原則。但凡參加會議的無論那一國，都

二　太平洋會議由來及性質

可以提議遠東現勢所能適用的特殊問題。

英國在先的意思是注重在日英美三國海軍限制，而美國則注重解決遠東問題。加入的國和會議範圍都已擴張。英國大爲恐惶而日本更形不安了。看左邊電文，是可說明他兩國的眞相。八月二日大坂每日新聞說，太平洋會議美國的擬定案，討論範圍至爲廣泛。英國政府接到美國政府這樣的通牒，頗現狼狽的狀況，目下正和美國交涉縮小範圍。而日本政府對於美國的擬定案也很吃驚，因急令駐美幣原日本大使，和美國許斯總理會商，請求美國諒解，並同時研究對付方法。英日兩國對於美國的地位頗有類似的傾向。……

英日美對於太平洋會議範圍既有異議。於是英國主張先開豫備會議，一切議題，都由日英美三國決定，恐怕將來會議有不利的地方。不料美國決不贊成。這是美國有鑒於國際聯盟四國會議的有害無益，恐怕再有失敗的緣故。故卽想舉行，也只能爲非公式的商議，祇交換意見而不加以決議。且美國爲此次會議的主唱人，很不想在預備會議中惹起列席主要各國間利害相反的鬭題。但英國則怕議題漫無限制，必難達到豫期目的，故主張開豫備會議，決定大體方針，竭力向美國交涉。而日本初則不附以豫備會議而爲保留條件，只追問議事範圍，這是英國所未料到的。於是英國又用他的狡猾外交暗暗慫慂日本提出留保特定國間問題及既成事實兩項。這是七月二十六回覆美國公文所附的條件，而英國也於這時放棄預備會的主張了。

倫敦七月二十六日電　英國已放棄要求在倫敦開預備會議的主張。但只望要求美國政府允許英屬地各首相得同參加太平洋會議，和各國代表非公式的交換太平洋的意見。

英國暗使日本出面提出留保條件的事，這不是我一人獨斷的。第一，日本回答美國公文附以留保條件兩項的日期，和英國放棄豫備會議主張的日期，幾幾相同。第二，美國一部分人，也信英日兩國一定有秘密的聯合。

八月三日紐約電　英國首相洛德佐治的豫備會議主張，據倫敦電說，業已放棄，這是美國國務卿許斯的勝利，華盛頓官界很是喜歡。但一部分人還有疑懼的心，以爲這不過是佐治的一時讓步。何以呢？日英兩國對於太平洋會議，無論怎樣決定，而於遠東問題，兩國間業已成立一種暗約。

二　太平洋會議由來及性質

那麼，日本的留保條件可以說是就是英國的主張。所謂特定國家間問題，據日本外務省當局的意見，若合辦山東鐵路，租界問題，耶普島問題，西比利亞問題等都是。所謂既定事實，即指山東問題，對華二十一條件等類。然美國答覆日本回文，雖說是太平洋會議，專討論太平洋及遠東問題的一般政策及原則。然參加會議的國，無論那一個都不妨提議遠東現勢所能適用的特殊問題。並且美國的意思，凡屬二國間的特殊問題，固很希望直接交涉，使他圓滿解決，但事有能滿足該二國，而不滿足於各國，仍可再提出會議討論。這是七月二十七日東京朝日新聞紐約特電所載的一段。照大勢看來，會期已定十一月十一日，這中間想必沒有甚麼大問題發生。各國現正搜羅人材，調查材料，以便將來出席，大大的舌戰一番。吾人對於太平洋會議的既往事實現在說完了。次所論的，就是將來會議的黨派推測。

三　太平洋會議二大派別的推測

吾人研究一國政治，必要着眼他國的黨派，黨派的黨綱，便是該黨執政者治國方針。然一會合也是這樣情況不獨一國政治是特有的。所以我們對於一會合的內容及其派別若不加以解剖明晰，自己茫然加入其中，必有臨時抱佛脚的醜態顯露出來。他那結果，可不是僅僅生出醜態，抑且國家命脈，也將因此滅已，並不是稀奇的事。所以我們對於這次太平洋會議的由來性質，既已詳細說述之後，又須研究會議時候的派別，然後決定我們的方針，那就有路可走，不致被那茫然大海迷却方向了，這回太平洋會議日英兩國既於會議前訂有暗約，將來開會必自爲一派，是沒一人能疑了。而美國和同情於美國的國，也必自爲一派，更是自然應有的事。吾人於此再進一步，研究這兩派爲甚麼要結在一團的緣故，把他詳詳細細追究出來，以作與會諸公和國民參考。我就先說日英必爲一派的原因，次說美國和同情於美國的那一派罷。

甲　日英兩國必爲一派的原因

試就英國必須依賴日本的原因，先行研究出來。再次討論日本所須依賴於英國的原因。我說英國有兩種原因，必要日本援助。是甚麼呢？

一　防護印度特殊利益　英本國面積，僅有八萬八千餘方哩，而所謂印度帝國全面積，竟占百七十六萬六千百三十七方哩，比英本國約大二十倍餘。並且土地肥沃，平野遼闊，氣候炎熱，雨量豐潤，物產的夥多，可是世界極稀有的。農業的重要物產如米穀，夏秋冬三季可以下種三回，一年產額約四億六千萬担。Hundred Weight 小麥產額二億六千三百十八萬一千布雪耳。Bushel（一布雪耳約等中國三斗五升）而在英本國農業全爲商工壓倒，本國所產的穀物，僅能供給全國民六禮拜，這是食料必須依賴於印度。

英國的棉紗棉布是世界出名的。他所製的棉布若把他接續起來，有五十億碼 Yard 長，可以把地球繞一百二十周，而其原料棉花，可是用印度所產的最多。印度每年收穫棉花的數量，約有十四億八千八百萬磅。重要鑛物如金的一年產額，有一萬五千六百八十六基羅格蘭姆。Kilogramme（一基羅格蘭姆約中國二十六兩八錢）煤炭產額，千二百六十六萬五千噸。煤油產額五百〇四萬七千桶。Barrel（一桶約中國一斗五升）這是原料必須依賴於印度的。英國的屬地很多，出產不亞於印度的也不少，只是多半自治。儻若對等國一般，或則地面太狹，在產物上沒有甚麼價值。所以印度在英國看起來，簡直可說是他的天府寶庫。因爲這個原因，不惜加入苦里米亞戰役俄土戰役及這次的世界大戰這都是防俄德南下恐怕奪了他的寶貝。印度從前德國也想把印度歸到自己手裏，大起野心想建設三B鐵路，自伯林 Berlin 經過土耳其的波士坡拉斯海峽 Bosporus 直達波斯灣附近的巴達德 Brgdad 這條鐵路若是成功的時候，可由伯林至印度孟買 Bombay 只要十一日。可惜雄圖未已遇了這次大戰，便作茶餘酒後之談了。

而英國爲了印度，也特開水陸空三條通路。水路則由基布拉爾塔海峽 Gibraltar 地中海蘇彝士運河紅海而入印度。途中重要島嶼，都被占領的緣故，就是把他作爲到印度的中途歇脚的地方罷了。陸路則由南阿 Cape Town 修築所謂三C鐵路的南北非洲縱貫鐵路。北至埃及，Cairo 再入蘇彝士運河等處到印度。空路則向由水路的，改由空路搭乘飛機，中經水路的各要地，作爲中途驛站而至印度這一條線，是這一兩月才計畫的。

英國從前最怕的是德俄二國，奪他的印度，而今日所怕的就是印度本物的自覺獨立。這次日英同盟，印度竟要求删除印度擾亂，日本負有援助義務的那一條。

三　太平洋會議二大派別的推測

三　太平洋會議二大派別的推測

七月一日倫敦電日英同盟條約中的一項，說印度若是起了重大擾亂，日本有赴援義務，這是印度反對的。現在英國已把這一條，決意不再加入條約中了。由這一條電文，可以知道印度自身就是英國的一個最大的危險物，萬一謀叛獨立，英國的海陸軍不能救急，非就近藉日本兵力鎮壓不可。這是英國維持在印度的特殊利益，所以必要日本援助。故此次太平洋會議，那能夠不能和日本同爲一派呢。

二　英國的歐洲外交孤立　自德奧大敗俄國衰微，現在歐洲最佔勢力的國，除開英國而外，只有意法二國。而意法兩國外交傾向，頗有形成二大同盟的局勢。意國脫退三國同盟，加入聯合國的根本原因，是想在巴爾幹佔些勢力，擴張國土。及在巴黎會議，意國所信爲自己勢力範圍的油果斯拉夫，而凡爾賽和會竟支持這種新國家的建設。希臘也被英國援助擴張勢力。法國在巴黎會議，非但不幫忙意國，並想遇事妨害他。故今日意大利對於英法二國大失所望。自經濟上政治上看起來，頗想和德國親近。奧國自從敗戰以來，也想和德國團結一塊。然則十九世紀以來的三國同盟，將再出現於世了。

至若法國是想把波蘭弄得強大，以當德國幷控制俄國，法國很想和波蘭結爲同盟，掌握歐洲大陸霸權，這是英國大反對的。而於對德對俄政策，英法兩國意見，幾若水火之不相容。要之法國的眞意想把波蘭使居歐洲中心，並想支配這新國家的四千萬人，以防德國的報仇，這是法國的眞意所在。那麼從前十九世紀的法俄同盟變作法波同盟了。

照上面所說的情勢看起來，事實上英國不能加入這二種同盟，勢成孤立，所以要繼續日英同盟，是想日本幫忙罷了，然則這次會議，當然是同日本一氣的。

至於日本爲甚麼要英國援助呢？這是可以不說，凡是中國人沒有不知道。他想藉着這個日英同盟的後援，可以任意行他的侵畧政策。自從日英同盟以來，朝鮮滅了，安奉鐵路自由修築了，滿蒙成認他有特殊利權了，山東任他自由處分了，而現今對於西比利亞也可以恣意霸佔，要地強要特別利權了。在日本方面看起來，日英同盟這個東西，簡直是日本的無價的寶，有這個護符，無法無天的事，只要有可以着手的地方，沒有不去做的。而我中國就是他夢寐不忘的一塊肥肉，天天打主意，想把他弄到手，眞有所謂發奮忘食的情況。然而日本他爲甚麼對於中國要這樣的積極進行他的侵畧政策呢?這個原因可有四種。

一　人口過剩　日本每年人口增加率是怎樣的程度呢?有人說七十萬的,也有人說五十萬的,現在吾人把日本人口動態統計詳細調查出來,他的數字如左。

日本小川國勢院總裁的大正八年度人口動態說明,

出生數　男　九二七.五九六人

女　八八四.二二〇

合計　一.八一〇.八一六

人口每千人出生三一.六二人,比七年度低了〇.五七。然而比較其餘出生最多的國,可是最多了。

西班牙每千人出生三〇.〇人

和蘭　每千人出生二五.三人

英國　每千人出生一九.二人

意大利每千人出生一九·〇人
法國　每千人出生一二·二人

死產數　男　七一·六二八人
女　六〇·九一八
男女不詳　三九三
合計　一三二·九三九

人口每千人死產二·三六人，比較大正七年度低了〇·二。死產最多的年有到每千人死去三人，近年生活改善，所以漸漸低下。

死亡數　男　六六二·二二四人
女　六四一·八三〇人
合計　一·三〇四·〇五四

人口每千人死亡二二·七九人。

三　太平洋會議二大派別的推測

三　太平洋會議二大派別的推測

人口的出生超過死亡爲四十九萬六千七百二十人，比較大正七年度增加千分之三・四六。

日本本國面積不過十六萬一千三百方哩，現在人口却有五千七百萬人，而每年增殖有五十萬。十餘年前人口數目只有四千七百萬人，乃到今日馬上達到五千七百萬人。若是像這樣的增加速度，三四十年之後便成二倍。而且日本要行他的侵畧主義，極力奬勵人口的粗製濫造政策，不像歐美各文明國講究優生學 Eugenics 產生好的子孫。人口這樣膨脹，土地又那樣窄狹，怎能收容那些過剩的人口呢？去美國麼？受人排斥，往濠洲麼？被人禁止，獨有中國地大物博，又無實力抵抗，他見了這一塊好肥肉，那有不來攫取的道理？所以如潮奔放，直滾到中國滿蒙山東安插他的殖民標，逐漸蠶食，想把全國作他的生養死葬的第二故鄉。

二　食料不足　中國人和日本人都是穀食人種，而日本人一日三餐米食，更爲數千年遺傳的習慣，從此可以知道米在日本國民所佔的地位了。日本大正七年度人口爲五千七百萬人，一人所消費米量若爲一石四斗，約要五千九百二十八萬石。那年他本國出產的米只有五千四百萬石，再加入朝鮮台灣輸入的二百八十萬石，一共只有五千六百八十萬石，供不應求，還差二百四十八萬石。人口增加率稱為世界第一的日本，若照他這樣粗製濫造，最近將來，據日本人說每年至少還差五百萬石的米。日本由外國輸入米穀數量在大正七年，自印度輸入四百二十二萬一千〇九担，自法領印度輸入五百四十三萬六千担，合計一千七十九萬八千担，比較大正六年增加七百七十四萬担。然則像日本那樣獎勵軍國式的製造人口，最近將來食米不足的數目，就是五百萬石，還恐怕是最小的數呢！

次若小麥，一年也不足四五百萬石，這也非仰給於外國不可。而我中國，莫說到全國，僅廣東一省米的產額，年約一億萬石，江蘇一省也有三千五百萬石，像這樣豐富的食料，日本那有不垂涎呢。

三　被服原料不足　日本用棉花每年約要五百五十萬担，而輸入數目要占五百四十八萬担，他本國所產的，充其量不過一萬担。而我中國若何？據中國聘請的美國農業技師 Jobson 說，美國 Texas 州的棉花栽培面積有千二百萬英畝，而中國將來可得二倍成績。且中國工錢低廉，不當美國十分之一，加之灌漑便利，其他施肥法集約農法，都很有改良餘地，一年產出百萬擔，並不是難的事，四五年內收穫量可增二倍。

說到毛織物麽？日本便不適於牧羊，幾幾全數仰給外國。大正六年輸入數量的價値，約五千萬日金。若我中國，據某英人調查，中國邊境有海拔三千尺以上的廣漠地方，那個地方不便經營農業，而此高原中北方南方及西南各省從來牧蓄頗盛，山羊緬羊駱駝不下數千萬頭。而且氣候同英國差不多，還比濠洲更適於牧畜，凡牧畜必需品若水食物土地各要素，在貴州雲南四川蒙古甘肅各省，都是具備無缺。現在雖然對於牧畜沒有注意改良，而將來實有發展餘地。這是被服原料不足，想打中國的主意。

三 兵器原料不足 一國兵器獨立所關係最深的就是鐵。日本每年要用鐵一百三十萬噸，他所能產的，年不過四五十萬噸。今後金屬工業發達，每年至少也要二百萬噸，而日本本國的全鑛，只有六千萬噸，加入朝鮮五千萬噸，僅有一億一千萬噸。今縱假定每年需百五十萬噸，則要三百萬噸鑛石，照這樣推算起來，可於二十七年間便已消盡。況且鐵的需要，一天多似一天，十年後必要三四百萬噸。然則他的全鑛量不出二十年已經耗消無剩餘了。因爲這個緣故，所以把中國最著名的鐵鑛如大冶本溪湖鞍山站桃沖縣金嶺鎮等處一網打盡歸到自己手裏。大冶鑛量有二億噸本溪湖有八千萬噸鞍山站一億八千萬噸桃沖縣五千萬噸金嶺鎮一億噸，以外的要求未遂或尚在調查中的，正不知多少。

四 工業動力不足．一國工業關係最大的就是動力。動力中在現在最要緊的，就是煤炭單就與鐵的關係來講，製造銑鐵一噸要用煤炭二噸。由此製造鋼鐵，必要再加二噸。今日本每年製造鉄鐵百五十萬噸，更由此製造鋼鐵百萬噸，那就要煤炭五百萬噸。而且每年工業所用燃料各項也要二千三百萬噸，然則日本內地所藏的煤炭總量有幾多呢？只有八十億萬噸，那麼照這樣用去，僅能夠繼續三十年。將來工業進步，需要更多的時候，恐怕等不到二十年就完了。反觀中國的炭量若何？他的範圍極廣，各省都有，僅山西一省炭量不下一兆二千五百億噸，（一萬萬曰億，十億曰兆。因爲各省說的不同，故注於此。）足可供給全世界二千年的使用。山西省的無煙炭層，有一萬三千五百平方哩，有煙炭層有二萬平方哩，等於英國炭田面積四倍，合全

三　太平洋會議二大派別的推測

國總數量實爲九千九百六十六億一千二百七十億噸。全世界一年煤炭產額大抵十億噸，那麼僅中國一國，僅可以供給全世界一萬年。又煤炭不獨用於燃料，或動力，他如火藥，醫藥品，香料，肥料等用途，多有用煤炭製出來的，化學工藝愈進步，耗用愈多。

日本因地小人口過剩，食料原料也很不足，侵略別的地方，都有強硬的抵抗，只有中國人，雖四億，好像沒有一個人一般。他如是帶着他的世襲的武士刀，橫衝直闖，大殺進來，簡直是如入無人之境，無論要求甚麼，沒有不遂意的，他就首先便要求鐵路。因爲鐵路有如人的血脈一般。一國的物質精神，都以鐵路爲命脈。日本想制我的死命，第一就要求鐵路建設權。於是他在北方，不管中國許可不許可，就自由行動，築起安奉鐵路。因爲這一個鐵路，一可以接朝鮮鐵路，中經一〇海里，直達日本下關。二可以接京奉鐵路，直到北京。另有南滿鐵路可至大連，奪我營口天津的商務。還有滿蒙五鐵路，即吉長，吉龍，龍開，開洮，洮熱五鐵路，佈滿東蒙滿州，控制北京。此外別有吉會鐵路，可由朝鮮會寧中經二十三里輕便鐵路，直達朝鮮北部淸津港。此港到日本的小樽，青森，新潟，敦賀，下關五處距離，約略相等。

對於中國中部則有山東的膠濟鐵路又以高徐鐵路連接津浦鐵路以濟順鐵路連接京漢鐵路，想把中國中部的各處商業都集中於青島。對於中國南方，則有江西的南潯鐵路。想再延長到福建，別設支線直通附近各省，他想把上海香港的商業，集中於福建。但是南方是英國勢力範圍，不便自由建設，而在中國北部中部簡直是被日本的鐵路政策包圍了，好像圍得鐵桶似的，一步也不能自由。

自從德奧敗後，在中國有勢力的國，只有日英。他們兩國狼狽爲奸，互相援助。日本要英國同盟，一方可以增進他在中國西比利亞的特殊利益。一方可以對抗美國。英國要日本同盟，一方可以維持印度及中國南方的勢力，一方可以對抗歐洲的二大同盟。這同太平洋會議，苟有侵害日英兩國的特殊利益，他們兩國必定聯合一氣起來反抗，這是有若星火之明，是再沒有疑惑的了。

乙　美國及同情於美國的必爲一派的原因

日英所主張的特定國間的問題，及既定事實，不能附議於太平洋會議，而美國始終不贊成。美

三　太平洋會議二大派別的推測

國以為這些問題，是將來戰爭的根本原因，縮小軍備是枝葉問題，根本不解決，縮小軍備只是空論。然而根本做去，大不利於日英及同利害於這兩國，所以太平洋會議的黨派，日英和利害同於日英的，必為一派，而贊成美國所主張的，也必自為一派。那麼贊成美國的，是些甚麼國呢？

第一，加拿大，是和美國比鄰，而居名義上雖屬於英，其實一切自治，儼然有一獨立國的氣概。這同英帝國會議，反對日英同盟最有力的，加拿大就是一個。因為美國一舉一動，都和加拿大有關。美國勢力足以制服他。所以加拿大的利害，到和美國一致，反不能和英國同一趨向了。試看左邊我國駐美公使施肇基報告，便知加拿大對於美國的態度了。

加拿大議會，決議反對日英同盟的更新，且對於英帝國會議，聲明日英若再繼續同盟，則加拿大和美國締結攻守同盟條約，不受日英同盟的拘束。　這是六月廿八日大阪每日新聞上海特電

第二，拉丁系的亞美利加各國國民，他們不像條頓民族的英人，在北美那樣努力奮鬪，自行開發產業，確立政治權力，永遠利導開拓殖民地。他們在南美都安逸優游，享快活福，自作大地主，

使役土人，對於殖民地，一點永遠的計畫都沒有。因此產業不興，政權落於混血種族手中，背叛母國，分離獨立，建設了許多的共和國家。而獨立各國黨派的軋轢極烈，時常內亂，基礎動搖．不能堅實發展國運。假設美國沒有所謂門羅主義，擁護南美各共和國，或者再爲歐洲人征服也未可知。南美各拉丁系的共和國，所以有今日，全仗美國爲之擁護。這次太平洋會議，自然援助美國的議案無可疑了。

第三，中國受歐洲日本的壓迫，已經不是一日。而日本對於我國的侵略主義，更是無法無天，趁着歐洲大戰，强奪了許多利權。我們提出國際聯盟公斷，竟爲强國擯斥不理。這回太平洋會議當然再接再厲，是和美國一致的。況且一九一五年五月美國政府曾通牒中國說是中日間所定一切條約，若有侵害美國權利，或於中國政治的自由及領土保全，或國際的對於中國政策所謂門戶開放有所妨碍，美國概不承認。照這樣看來，將來太平洋會議若有討議中國問題，中美兩國當然是一氣的。

第四，俄國以他的腐兵於工的强武軍隊，本可以征服西比利亞的舊俄黨，只以日本一國爲梗，

三　太平洋會議二大派別的推測

直到現今，海參威政府，依然暗受日本支配，儼然為一敵國和赤塔政府對抗。所以這一次太平洋會議，也曾要求遣派代表，公訴日本在西伯利亞的暴狀。美國雖未正式同答，然將來如有提議西比利亞現狀的必要時候，或將允許俄國代表蒞席，作為一種參考也未可知。若果有發言提議的權，當然也是贊成美國一邊的。

照大勢看起來，東半球的中俄二國和西半球的加拿大及拉丁系的亞美利加各共和國，是援助美國最有力的國。其餘濠洲首相雖贊成日英的主張，却是勞動組合，大大反對日英的同盟。

六月二十三日濠洲西得尼 Sydney 電　濠洲勞動組合會議，對於日英同盟更新決議反對。該案提議的人說，這個同盟條約，簡直是把中國的山東交與日本，在歷史上做了一個大惡的榜樣。

美國勞動團體聯合會會長甘巴司 Compass 曾會見大總統哈丁，他很希望太平洋會議，承認勞動為一有力要素，准他參加會議，那麼將來各國勞動代表列席的時候，濠洲的勞動代表，也是同情於中美兩國的了。

暹羅皇帝也想親自到太平洋會議已令議院準備議案暹羅是受英法二國壓迫的他這次提出議案，必定是在排斥英法。在情勢看來也是美國派之一。

歐洲的意大利前次參戰是想在巴爾幹膨脹勢力而希臘爲英國援助，油果斯拉夫，也爲和會支持，意國非常失望。將來太平洋會議若是議及遠東問題，那是和意國痛痒不關，必表同情於美排斥英法，以泄前次憤懣不平的氣。

說到法國麽？法國爲援助波蘭，想把上西列西亞工業地方分與波蘭。而英國却同情於德國，大相爭持。現在幾幾要決裂，業已提出國際聯盟會議公斷，在歐洲外交上，英法兩國是不相合。然法國在遠東有殖民地，將來在太平洋會議，不過關於殖民地的意見，與英國表些同情罷了。

他如歐洲的荷蘭葡萄牙兩國，也在遠東有殖民地，且軍備不及日英兩國，或者怕他兩國勢力強大，援助日英兩國的主張也未可知。

照上面理由，預測將來太平洋會議的派別，那麽援助美國的，有中俄加拿大拉丁系亞美利加共和國暹羅濠洲的勞動代表意大利等國。而日英兩國的同情的國，只有葡萄牙荷蘭至若法

三　太平洋會議二大派別的推測

國可是兩派的中間物了。

日英兩國在大局上，既這樣孤立，他們還要執迷不悟，行他的侵略主義。英國方面，仍想於太平洋會議後，再繼續日英同盟。而且英國的每日新聞駐美特派員，竟有主張讓出菲律賓以養日本的粗製濫造的過剩人口。日英兩國外交既已孤立，內部又復不安。英則印度愛爾蘭謀叛獨立，日則朝鮮台灣急想脫離覊絆，外强中乾，自顧不暇，還要侵略他人，所謂「吾恐季孫之憂不在顓臾，而在蕭墻之內矣。」

四　美國門羅主義是擁護民族自決的考証

美國為甚麼要把遠東問題列入軍備縮小問題裏頭呢？他以為單獨縮小軍備，還不能達到平和，必將遠東問題一切解決，方才有望。那麼他又為甚麼喜歡這樣麻煩的事呢？難到他不怕被人討厭嗎？這是純全出於美國國魂的精神。這種精神是美國不可須臾離的東西，一生出來就有的。他本着這種精神，一往直前，無論甚麼事都不怕。日本是最惡美國人，偏偏獨於美國的國魂的要素中，列有公平處理的精神一條。這是「新日本」雜誌特別增刊「亞美利加號」一石澤久五郎所說的。他說美國人確有公平處理的精神，換一句說，就是有機會均等觀念。這種公平處理的精神，是由宗教的情操來的待人好像待自己一樣，沒有差別存乎其中。不公平待人，他們以爲是有違背神的平等慈愛心。這樣觀念應用到社會生活上，全市民得被平等保護，與以平等機會，在社會活動的人都受此平等法則支配。這種精神，擴張至於鄰國或遠國人類首先出現於世的。就是那有名的門羅主義。Monroe Doctrine

當一八二三年，拉丁系的亞美利加各殖民地，脫離母國革命的實在不少。他們的母國西班牙因爲內亂不能壓伏，而美國乘機便承認他們的獨立，然西班牙依然主張那些獨立國硬說是他的領土。偏巧當時歐羅巴的君主專制國大家集合起來，形成一個所謂神聖同盟。表面說是維持平和，其實目的在壓伏自由主義。於是西班牙想利用神聖同盟的威力，恢復權勢，征服他的殖民地。當這個時候，中央亞美利加及南亞美利加的貿易市場，因爲變亂騷擾，受了妨害不小。市場遂至閉鎖。那狡猾的英國，便暗地慫慂美國出面反對，而美國大總統門羅乃對此神聖同盟竟發一特別宣言，這就是有名的門羅主義。然門羅主義的起草人，不是大統領門羅，却是

四　美國門羅主義是保護民族自決的考證

國務卿 John adams。今照原文，把他的梗概寫於左邊。

一　自由獨立的今日南北美洲，將來無論在甚麼地方，歐洲各國不許殖民。

二　歐洲各國若壓抑拉丁系亞美利加各國，或用他的方法，拘束拉丁系亞美利加各國的運命，這就認爲不合美國親睦。

三　歐洲同盟各國，無論在南北美洲那個地方，若想擴張他的政體，便是危殆美國的平和及幸福。

故門羅主義是美國對於歐羅巴專制國的神聖同盟，擁護拉丁系亞美利加各共和國的自由獨立的一個防波堤。在現在的用語解釋起來，就是所謂擁護民族自決的主義了。美國現時把這主義已經擴張適用於遠東及世界。凡爾塞和會，威爾遜的民族自決同這次的太平洋會議就是門羅主義，換一句話說，也就是民族自決主義實現於全世界了。不像那十九世紀狹意的門羅主義專門適用於美洲而言，於今擴張變爲廣義的門羅主義了。用現代語來解釋他，就是驚倒侵略主義的民族自決主義。

從來普通一般人都說美國的門羅主義，是專適用於美洲的，那麼威爾遜大總統，爲什麼棄却美國傳統的政策創設國際聯盟，參與歐洲的事呢？而這次的大總統，又爲什麼創議太平洋會議，解決遠東問題呢？可見從前的門羅主義是狹意的，現在的門羅主義是廣意的。從前是擁護美洲的民族自決，現在是擁護世界的或遠東的世界的民族自決了。

五　美國沒有侵略主義的考證

近來日本人動不動就說美國的門羅主義變了帝國主義。說他侵佔玖巴布哇菲律賓，便是証據，說得天花亂墜，國人也是半信半疑。於今要打破日本的邪說，不可不拿歷史作爲証據，以啟國人的迷夢。

玖巴原是西班牙的屬土，而殖民政策過於苛刻，島民不堪其苦，久想獨立脫離母國，革命的氣風，勢頗猖獗，全島島民對於西班牙幾有不共戴天之仇的傾向，美國見此情況，大表同情，勸告西班牙改良政治。無如西班牙內亂爭鬥不了，沒有力量辦到。於是美國通牒西班牙，提議美國担保玖巴債務，許他實行自治。西班牙宜放棄全島政治主權，名義上的主權歸於西班牙，而西

五　美國沒有侵略主義的考證

班牙全然拒絕，決不承認。當這個時候，偏不湊巧美國派往玖巴保護美僑的兵艦，忽然爆沉，美國大怒，遂於一八九五年成了美西戰爭。嗣後西班牙大敗，承認玖巴爲美國的保護地，並索取五百萬磅，把菲律賓賣給美國。然而玖巴不過一時爲美國的保護地，到一九〇二年便改爲獨立共和國。不像日本同中國開戰的時候，承認韓國爲獨立國，及到時機成熟，一口吞下，百待虐待。若是美國有帝國侵略主義的思想，怎能把已吞下去的玖巴再行吞出，令他獨立成爲一共和國呢？這一段事實，日本雖狡，恐怕是駁不去的。

菲律賓原先就不是美國征服，是和西班牙爲玖巴事戰爭，西班牙用取償形式賣給美國的。於今雖未獨立，現菲律賓參議院長奎駿氏已往美國運動獨立去了。若在日本的朝鮮，不但不敢明目張膽，直往日本運動獨立，就是在朝鮮本土，若稍現獨立口氣，馬上就拖往監獄處他死刑。現據奎駿氏說。

美國政界及一般人士，所以現時不能許菲島獨立，因他們深信將來再發生大戰時，必以太平洋爲戰場。故我們對於太平洋會議計畫的進行，非常關心。限制軍備及遠東問題解決，若能達到成功目的上所懸揣的事，自可消滅於無形，而美國對於菲島獨立的事，也必予以贊成了。……

照這段話看來，太平洋會議對於遠東問題及限制軍備若告成功，菲島獨立是很有希望的。況且玖巴既是一個前例，菲島獨立那有不被許可的理？不然，美國何愛於玖巴，又何惡於菲島，故菲島獨立必可實現。

布哇 Hawai 原本專制國，後經數次革命，改為共和，而布哇國民都希望合併於美國。一八九三年的革命後，卽派代表往美交涉，美國終沒答應。及到一八九八年瑪金列大總統時代，方得美國國會決議，正式作為美國一部。這種事實，日本角田政治所著的外國地理集成書中，說得很詳細，豈能夠反轉來寃枉美國說他侵吞布哇嗎？可見日本信口亂講，全是欺人的話。

至於美國對於中國的主義，日本大吹特吹，也說是侵略主義，我就試問有不有侵畧的痕跡？我們翻查歷史，各國在中國勢力範圍裏頭，美國的勢力圈並不能査見一點。說鉄路麼？一九九六年，盛宣懷和美國固曾訂約借二千萬美金，建築粵漢鉄路，及募公債於美俄法二國，蒙着比利

五　美國沒有侵略主義的考證

五　美國沒有侵略主義的考證

時的假面全部買占了。若果美國眞實想侵呑中國，豈能把那種能制一國經濟死命的鉄路，隨便就讓他國獨占嗎？各國在中國所獲得的鉄路，除了美國而外，偏沒聽見被人從中佔有的事。即這一層，就可証明美國對於中國沒有侵略思想。況到後來中國權利收回運動極盛，張之洞和盛宣懷向美國提議廢約，美國受了六百七十五萬美金，概然答應中國要求。若是別國，一旦得了的利權，斷沒有聽人贖回，除美國而外，可說是沒有了。

日本人又說，淮河治水的二千萬美金借欵，這不是美國在中國中部的勢力範圍嗎？但是我們要曉得這筆借欵，完全是同慈善事業一般。何以呢？承借者不是野心的實業公司，是講博愛的美國赤十字社。將來淮河流域治水成功，可得良田八千萬畝，年年洪水可以免除。美國固可得借欵利息，而中國的數千萬人命，便從此可享無窮的幸福了。

而日本人又說，陝西省延長府及直隷省承德府的煤油區域，美國已於一九一四年獲得開掘權，這也是對於中國的野心。那麽，我們就退一步說，這就算是美國的野心，然而若以比較各國既已占有的制人死命的鉄路，可是天壤之別了。況且煤油有代用品，鉄路是不許併行建設。煤油開掘權算不得甚麽。若果我們有力量自辦，僅可以贖回。何以呢？粤漢鉄路是一個鉄証。鉄路既可贖回，比鉄路利益較輕的油田，斷沒有不能收回的道理？

美國根據他的國魂，向有公平處理的精神，凡遇有不公平的事，無不勇猛直前。當列強威嚇中國，强借港灣，任意劃定範圍，要求鉄路建設權的時候，瓜分的禍，既已形成，而美國不但不加入這種無理强奪，且於一八九九年發一宣言，要求各國開放中國門戶，均等機會。各國因這一篇宣言，於是瓜分的禍，侵畧的行動，方才阻止。又一九〇九年，美國提議滿蒙鉄路中立案，錦愛鉄路建設案，雖都爲日俄兩國反對未成，然其阻止日俄在滿州的野心，却是當頭一棒。又承認民國的問題發生的時候，各國都要求特別權利，以爲承認代價，而美國單獨不附甚麽條件，首先承認民國。那麽照這樣看起來，美國對於中國，簡直沒有一點侵略的心，而日本故意嗾使中國仇視美國，我們可不要中了他的計了。

總而言之，人說美國從來的門羅主義已經變了帝國主義，據我所見，美國的門羅主義始終沒變一點，不過從前是擁護拉丁系亞美利加各共和國的自由獨立，不許歐洲神聖同盟的國家

五　美國沒有侵略主義的考證

干涉，現在却將門羅主義擴張到世界，擁護各處的弱小國家的民族自決前次美國參入歐洲大戰是擁護歐洲的人民自由平等。若果美國眞有野心的，便藉口犧牲許多人財要求代價，而美國並不要求絲毫利權，平和後即將大部軍隊調返國去由此可知美國的門羅主義不僅限於美洲，是擴張到世界了。這次太平洋會議，美國的態度，也是和從前一樣。不過從前是反對專制國的神聖同盟，這次是反對寡頭政治的國際聯盟。所以前大總統威爾遜所提出的十四條，既不能充分實現，美國上院當然不把他批准。這次發起太平洋會議，便是從新組織一個公平會議，排斥少數强國專權。所以豫備會議，美國始終不贊成，就是因爲這個緣故。像這樣擁護弱小國的平等自由機會均等的大會，凡在國際位置弱小的國或同情於美國的國，必自爲一派，反對英日兩國或同情於英日兩國的侵略主義，是不用說了。

六　中美俄同盟的可能及必要

一八一五年的神聖同盟，只惜當時除了美國宣佈門羅主義以外，沒有組織反對的强大同盟，擁護世界各國自由平等機會均等，以至釀成前次的世界大戰，數百年積下來的物質精神幾幾全然破產。這豈不是人類的大不幸麽？於今世界的局勢，又要湊成十九世紀專制的神聖同盟傾向，那國際聯盟為少數強國把持，互相暗約權利，壓制弱小國的自由平等，儼然是神聖同盟復活了，而日英同盟是顯然神聖同盟的模型。我們想世界人類永遠享和平幸福自由平等，只有聯絡世界小弱國或反對這種侵略同盟的大小國家，着實組織一個同盟以與專制侵略的同盟對抗。至若組織像這種同盟的國家，我以為中美俄三國，真有其可能及其必要。何以呢？

一　近東問題既已解決，所剩的只有遠東問題，遠東問題的中心，就是中俄兩國。因為地大物博，而且正在紛亂之中，最易受侵略的國家——尤以日本——的蹂躪。假使中俄一致聯合，攻守同盟，用以對抗同一的敵人，那就不怕他作威作福了。

二　美國素來主張的門羅主義，是對抗專制國的神聖同盟發生的，於今擴張到世界，威爾遜的民族自決，就是一個証據。這回太平洋會議，是想推翻少數專權的國際聯盟，公平解決遠東問題。然而美國一國主張，苟沒有強大的同盟後援，效力必小。今一旦中美俄三國同盟以臨會議，則中俄兩國勢力雖小，實可藉壯聲勢。且得因此同盟之後，中俄兩國也必自警自勵，着實整

六　中美俄同盟的可能及必要

六　中美俄同盟的可能及必要

頓一番。那麼美國的民族自決主義，便可大大宣傳，逐漸實行，

三　美國自從參戰以來，債務國一變而爲債權國。據最近報告，歐洲各國所負美國的債務額數，一共有百一億四千九百餘萬美金。詳細如左。

英國　四十一億六千萬美金
法國　三十五億五千萬美金
意國　十六億四千八百萬美金
比國　三億七千五百萬美金
俄國　一億九千萬美金
波蘭　一億三千五百萬美金
捷克斯拉夫　九千一百萬美金

債權就是表示資本過剩，而近則歐戰停歇，一切貨物，供給超過需要，物價非常低落，這就是貨物過剩，近據美國勞動部公表的本年六月批發的物價指數，比較去年六月的，其低落程度如

左。

（本指數以一九一三年的平均價格假定一〇〇）

種類別	本年六月指數	去年六月指數
農產品	一一三	二四三
食糧品	一三二	二七九
衣服	一八〇	二三五
燃料及燈火料	一八七	二四六
金屬及同製品	一三二	一九〇
建築材料	二〇二	三三七
化學品及藥品	一六六	二一八
家具	二五〇	三六二
雜貨	一五〇	二四七
其他	一四九	二六九

六　中美俄同盟的可能及必要

六　中美俄同盟的可能及必要

美國現正急想把他的過剩資本及過剩貨物，找一兩處地方銷售，世界上能夠容納這樣多量貨物資本只有中俄兩國。我國人口四億，需要量既多，關稅又輕，值百抽五，簡直是近於沒有關稅。而俄國物資也至極缺乏，近來竟不惜以土地或利權讓與他國，要求通商。今一旦中美俄同盟，加以親密的感情作用，則向用他國的貨物資本的人都轉向美國。那麽中俄兩國固可藉美國的力量，開發富源，而美國的過剩貨物及資本也有容納的地方了。

四　中美俄三國，在一方面看起來，都是民主共和國，不過在程度上有點差別。中國是幼稚的民主共和國，美國是青年的民主共和國，俄國是成熟的民主共和國，而民主共和國至於成熟，便近於共產主義。中美兩國過於神經過敏，恐怕俄國共產主義傳染到本國，百般防禦，其實俄國的共產主義，已經實驗二三年，連自己也覺得不便，政策因此屢屢變更，近來逐漸承認私有制了。試看俄國前些時所發佈的一法令，足以証明他的共產主義是不行了。

七月二十六日東京日日新聞所載

一　撤廢貨幣所有權限制，承認無限所有權，且得存欵自由使用。

二　年齡十八歲以上的人，得使役二百人以下的勞動者，生產品可以自由處分，並得自由購買原料機械。

三　貸與工場。凡工場租用者，得隨意承受顧客所定的貨，從以製造發賣，且得由外國購買糧食機械。

四　凡從事鉄工業機械工業的人，承認他有組織購買組合權利。組合員得自由與他組合同盟，共買原料機械及設立商店。

而最近由美國傳來的消息，俄國除大產業歸於國有以外，無論甚麼，都許私有。

八月十三日東京日日新聞紐約特電

俄國首相列寧，於八月九日發一宣言，說除開數個國家的重要大產業而外，其他全部廢止國有制度，卽郵便鉄路電報電車也許私有。

俄國所以改變宗旨，實因現在時勢不宜共產主義，四面的國都是私有主義，獨自一國標榜過高，反于己不利，對內麼?產業不能發達，這次俄國大饑荒，固可說是天災，然而人為原因也是不

六　中美俄同盟的可能及必要

六　中美俄同盟的可能及必要

少，足見共產主義此刻實做不到。對外麼？通商不便，現因迫於饑寒，竟許外人多大權利，要求通商，愈見共產主義是不行了。那麼中美兩國不能因俄國掛的招牌不同，便擯斥俄國而不顧，竟把百年大計丟開，那豈不是可惜嗎？這次日本恐怕美國在太平洋會議藉口西比利亞問題還未解決，另行提出，於是急想把他弄清，派人和遠東共和國交涉，想從此親和起來。日本是君主國，尚且與俄可以親近，難道民主共和國的中美兩國，就不能和俄國同盟麼？再說一層，人的心不能用力壓服，果眞本國政治，甚洽人心，人沒有不情願服從的。若是本國的政治，爲人所嫌惡，任你如何强壓，禁止思想自由，那是沒用的。那麼，俄國的共產主義，是不足怕，所最怕的，就是本國政治腐敗了。

照這樣說來，中俄兩國有同一敵國，美國的主義，也要中俄兩國帮忙。中俄兩國要美國資本援助，美國也要中俄兩國容納他的過剩資本貨物，而且中美俄三國都是民主共和國。無論在精神上物質上，都有同盟的可能及必要。並且時機正合，惟在先覺說破，國民有世界智識，這個同盟，便可實現，千載一遇的好機，我國民可不要錯過了呀！

七 修築亞美聯絡鉄路作爲三國同盟連鎖

中美俄三國既有同盟的可能及必要，我們不可不將空間時間縮短，以便充分聯絡。別國以鉄路制我們的死命，我們也不可不用以毒制毒的方法，拿來對抗他。那麽要用甚麽鉄路來作中美俄三國的連鎖呢？就是修築三A鉄路，換一句話說，將亞細亞Asia亞拉斯加 Alaska 亞美利加 America 三處用鉄路聯絡起來。這條路成功之後，不但中美俄愈加親近，而世界各國商業，也受莫大利益。就中當以美國經濟更受其惠。而水利便利，幅員遼闊，森林礦產豐富的西伯利亞，即刻也可變爲商工業發達的場所，我國北方的農業礦業，受了這樣的世界鉄路交通，自然也必大大發達無疑。有世界過半數的中美俄八億萬住民，可由本路滿足他們的通商及輪出力。將來本路開通，太平洋沿岸各國的通商利益，可不是筆墨所能形容的了。中美俄三國人民，必因本路所引起的經濟政治關係，更加親密，三地縮爲一地，這條鉄路便是三國同盟的連鎖。

本路往年俄國曾命道勝銀行北京分店長羅伯特巴爾巴氏計畫一切，嘗往美國游說，結果頗

七　修築亞美聯絡鐵路作爲三國同盟連鎖

爲圓滿。當時法國地理學協會會員迭羅別爾氏，也在美國遊歷，遇着巴爾巴大表贊同。並想親往亞拉斯加實地調查富源及本路基礎材料。修築費預定三億美金，法美兩國銀行家實業家，都願供給資本。線路原想把美國的大北鐵路或北太平洋鐵路延長，自西特里 Seattle 一直修到亞拉斯加 Alaska 半島北端威爾親王岬，因想躲避窪地，故修於北方，約有二千三百哩，再穿伯令海峽地下三十八哩，連絡亞洲。亞美兩海岸及伯令海峽中間拉托莫洛夫庫爾成斯鐵龍二島，各築一豎穴，高約二百尺，以便換氣昇降。今又自亞洲西端迭西列伍岬沿西比利亞海岸，一直修到海參崴，約有一千八百哩。那麼由美國西特里 Seattle 到中國北京的距離如左。

美國西特里至亞拉斯加	二・三〇〇哩
伯令海峽	三八
亞洲西端至海參崴	一・八〇〇
海參崴至哈爾濱	四八三

哈爾濱至長春	一四七
長春至奉天	一八九
奉天至北京	五二三·
合計	五·四七九哩

今將美國西特里至中國主要地方距離日數表列於左。

至天津	五·四〇〇哩	四日半
至北京	五·五〇〇哩	四日半
至漢口（經京漢線）	六·〇〇〇	五日
至南京（經津浦線）	五·八〇〇	五日
至上海（經津浦滬寧線）	六·〇〇〇	五日
至成都（經京漢川漢線）	七·二〇〇	六日
至廣東（經京漢粵漢線）	七·〇〇〇	六日

七　修築亞美聯絡鐵路作爲三國同盟連鎖

七　修築亞美聯絡鐵路作爲三國同盟連鎖

由美國西特里到中國主要各地，若是火車速度每時五十哩，中途並不停止，一氣走去，僅費五六日便可直通。普通由上海到美國要十八日，今則快上三四倍了。

從前有人計畫想從俄國伊爾庫次克 Irkutsk 經過貝加爾湖北邊，到亞洲西端別修三千八百哩新線。再穿三十八哩伯令海峽上北美大陸亞拉斯加的威爾親王岬。更由此展修二千三百哩新線，直到晚香坡。 Vancouver 那麼巴黎至紐約可利用巴黎至伊爾庫次克既成線五千四百三十哩，及晚香坡至紐約既成線二千五百二十哩二鐵路，再使用一時五十哩的火車，則上述四段路線合共一萬四千哩的歐亞美大陸聯絡鐵路，僅費十一日十八時間，便可直通。假設英法海峽間再用輪船聯絡，通於倫敦，則上所說的距離更加上巴黎倫敦間二百二十哩，若費十二日便可由紐約到倫敦。

我們這次若是修築亞美聯絡鐵路，不宜經過海參崴，應由哈爾濱線延長，傍着俄國西比利亞沿海修築，可減少海參崴到哈爾濱的迂迴線四八二哩。若是用一時五十哩火車行走，時間上因可減少五時餘。

俄國到中國的路線，早已成立。今將俄國莫斯科到中國北京距離列表於左。

俄國莫斯科至伊爾庫次克	三·三八三哩
俄國伊爾庫次克至哈爾濱	三·三六八
哈爾濱至長春	一四七
長春至奉天	一八九
奉天至北京	五二三
合計	七·六一〇哩

然而中俄交通，若想更快速度，莫若將京張線延長，中經蒙古庫倫恰克圖直莫西比利亞鐵路聯絡，轉為捷徑。北京至俄國伊爾庫次克路線約有一千哩，再加伊爾庫次克到莫斯科三千三百八十三哩，合計四千三百八十三哩，比較迂迴滿洲那一條鐵路，可少三千二百三十八哩。若用一時五十哩的火車行走，經過滿洲那一條線，則莫斯科到北京要六日。設若經京張的延長線，僅三日半，便可以直通。後一條線，若是成功的時候，不但中俄兩國關係愈加親密，并且歐洲

七　修築亞美聯絡鐵路作爲三國同盟連鎖

的貨物旅客，向來集散於日本經營的大連，也可吸收到我中國的天津來。

亞美聯絡鉄路，不但是中美俄三國的連鎖，並且是中美俄三國的防波堤，何以呢？一旦有事之秋，三國的軍需品，可自由供給，不受人遮斷要道，所謂進可以攻，退可以守。美國在布哇，菲律賓等處，雖可用爲海軍根據地，可惜離大陸太遠，孤懸海外，接濟不是容易的事，一旦開戰，日本不難佔領。若是亞美鐵路作爲兵事運輸機關，則沿途食料原料及各種軍事必需品，即刻隨地得隨便搬出。三國同盟之後，中俄沿海各港，當然美國可以自由利用，海軍有了陸地根據，那就可以作防禦的攻擊。要言之，這條鉄路，無論在那方面看起來，是萬萬不可少的。

八　必須勸誘美國招待俄國三理由

這次太平洋會議的派別，吾人既已推定，最爲會中障礙的，只有日英兩國。而主張最能和美國一致的，也有中俄兩國，且美國所高唱的世界門羅主義，即民族自決主義，最能適用的，也只有中俄兩國。因這回太平洋會議，是以遠東問題爲其中心。所謂遠東問題，第一，是中國，第二，是俄國。中俄二國既於這次會中關係這樣深，若獨使俄國超然居於會外，則美國的後援，實減却一太平會中多一人說話，是多一分力量，我們要竭力勸誘美國招待俄國代表列席，以壯聲勢，其最要理由有三個。

一　俄國在現在政體上看起來，是絕然不和其餘的國相同。他的軍隊，純用寓兵於工的方法來的，平時則爲生產軍，戰時則爲戰鬭軍。這次太平洋會議若不招待俄國代表加入討議一切，那麼他便藉口超然國際，凡會議中決議，沒有拘束俄國的權利，也就是俄國沒有聽從決議的義務。好比國民沒有政治參與權，就沒有繳納租稅的義務一樣。俄國便可由此獨斷獨行，用他俄國式的武力，征服世界，傳播他的過激思想。

二　俄國的主義思想，世界各弱小國及不平分子，都是很贊成他。若是拒絕他的代表列席，那簡直好像十九世紀的專制神聖同盟壓伏自由主義一般。必更激起俄國不平的心，愈益反抗。果不然俄國也有召集太平洋會議的意思。

倫敦八月十六日電——據北京晨報所載——

據俄國東部盧利加電稱，莫斯科各報云，俄國現在討論一種會議，是和華盛頓舉行的太平

八　必須勸誘美國招待俄國三理由

洋會議相反對的。他想邀集中國蒙古遠東共和國及勞農政府所屬各國，開一會議，以謀共同防衞，抵抗英美日等國。最要的提案，是經濟協定及和蒙古陸路通商條款，並磋商中東鐵路交還中國等事。

前美國對抗神聖同盟，擁護民族自决，宣言門羅主義，至今稱爲美談。這同國際聯盟也和神聖同盟一般，專以强權，壓制弱小民族，所以美國另創太平洋會議以相對抗。而獨對於同情的俄國擯除不納，使他別開會議，是自失後援，反生了一個特別的反抗，這未免太沒有打算了。

三　美國世界的門羅主義，即民族自决主義，最能適用的，俄國也是一個。換一句話說，是和美國主張是最能共鳴的。今則不加招待，那共鳴的聲音，必變微弱，聲音一微弱，調子雖巧妙好聽，人便聽不見，是和沒唱一般，必沒有多大效力，那麼美國說話的地位，實受影響不小。

照上面說的理由看來，俄國是美國最大後援的一個國，若不招待他的代表列席，不但美國主張變成微弱，即中國的本意也難遂願。故我中國應急勸告美國快快招待俄國代表參加會議，以作聲援，我們主張方可貫徹。

九　太平洋會議我國應提出三解放議案

對抗日英同盟，中美俄三國締結同盟，擁護民族自決主義，可說是對抗二十世紀的神聖同盟，而為一個世界的門羅主義，這是我們對於太平洋會議以後的根本策。至於我們提到太平洋會議當面的議案，我以為宜根據民族自決主義，用概括式的原則，參照合於中國及弱小國的現勢，應急高唱三解放。那麼甚麼叫作三解放呢？

一　政治解放　凡統監式的顧問，軍隊，警察，立法，司法，行政，一切治外法權，皆應解放，一聽民族自治。具體的說，就是條約上的優先顧問權，外國軍隊，租界巡捕，租界工部局，租界會審公堂，領事裁判等，都是。換一句話說，凡一切政治上的權柄，都完全歸於原主，聽其自辦。

一民族的政治，為異族獨占，不能自由行動，不但異族間發生仇視的心，就是同一民族間，苟存有階級制度，其一階級壓迫他一階級，也是必起大革命，獲得參與政治權，而後方纔罷手，法國的大革命，便是最大的榜樣。而現今侵略主義者生於那個地方，或曾看過那個歷史的，偏不自悟，屢蹈覆轍，真是冥頑到極點了。對於一民族，若是政治不解放，那麼由此而生的毒害，可是不小。是甚麼毒害呢?就是暴動和虐殺。

一民族對於政治的關係,好像一人對於腦筋的關係一樣,設有外界壓迫加於腦筋,他的手脚自然會來防衛;而一民族的政治,爲一異族霸佔把持,則被壓迫者也必起來對抗,拚個死活。例如日本併吞朝鮮,已經十幾年,像他那樣的世界第一蠻勇,還不利害嗎?其實不然,加動和反動的兩個力量,在物理學上,是一樣大的,加動力有幾大,反動力便順着他也有幾大。於今朝鮮暴動愈凶,虐殺更很,日本幾有防不勝防的情況。即就日本出兵西比利亞來講,自大正七年八月到現今滿三年,人命死了二千餘,金錢去了八億萬,百般干涉俄國政治,扶持海參崴幾個反過激派,在那裏跳梁,惹起各國猜忌,這是何苦?究竟所得的是些甚麼?前同廟街的大虐殺,怕爾提占的襲擊,這就是他的結果了。據最近的新聞,更有懸賞殺害日人的風說。唉!這就是干涉他國政治的好下場。

大坂每日新聞說(八月二十日)有一旅客十九日坐鳳山丸回到敦賀,他說這些時,廟街及海參崴,盛傳懸賞殺害日人的話。據俄國人所說的懸賞的價格,一二等卒一圓五十錢,下士十三圓至五圓，將校五千圓，立花大將十五萬圓。因爲這個緣故，軍隊駐紮的廟街及琊怕斯加雅等地的日本人，非常恐慌。

在我國的例，庚子年的義和團，在中國民族上說起來，這是主張民族自決的第一聲反抗異族壓制的一個好榜樣。外國人說是野蠻舉動，而在我民族上看起來，却是非常光榮的大業，不亞於五四運動，法國大革命。在外人說是虐殺無道，野蠻，而在我方面可以說是緊急自衛的一種，用現在的流行語解釋他，便是民族自決，不許外人干涉我國政治，那有甚麼不文明的地方？若是這是不文明，那麼法國大革命，也應降於同級了。法國大革命認爲有價値，庚子的義和團就不能下劣於他。不能因爲法國革命成功，認他有價値，而庚子義和團的失敗，便說他沒有價値。這種行爲，在那當時，中國民族還未大覺，已經有這驚天動地的舉動，若是自今以後，列強還不自悟，依舊壓迫中國政治，則今後全民族的爆發，可不是從前那樣弱小了。壓迫者若是不想受暴動虐殺的苦痛，那麼，他的惟一妙法，只有解放政治，聽他自治，加以友誼的扶助，就是最上的策了。

九　太平洋會議我國應提出三解放議案

二　經濟解放　如不平等通商條約，關稅主權，外國郵局，各地鑛山鐵路，皆應解放，歸於平等，或退還原主。

一民族的經濟，是和一人的血脈一樣。人類所以能夠存在，就在他有血脈。而一民族所以能夠存在，便在他有經濟，因為人的衝動，雖有自存衝動，性的衝動，活動衝動，認識衝動，競爭衝動五種，而自存衝動是人類根本的衝動，滿足這種衝動，就要物的經濟。若是物的經濟，為人妨碍機會不得均等，或竟把持獨占，那麼被侵略者屈於武力之下，都逐漸變作無產階級，為他作工。全民族既為侵略者作工，是全民族同為一階級，同病相憐，必結成一大團體，對抗侵略者。譬如中國若為外族壓迫，全國主要經濟，盡為外人侵佔，沒有獨立餘地，都為外人作苦工，那麼從前中國人的職業，不過為農，農是散居式，沒有團結機會，階級思想不生，——參看第二卷第九期太平洋雜誌拙作「外國學說與中國社會問題」——及一旦盡為外人作工，盡聚集在工塲，那就生了團結機會，再加以階級智識，共產思想的宣傳，四億人都變為過激的共產派。俄國眞正共產派，只有二百萬人，已經把世界各國嚇得要死，今若壓迫中國四億人盡變作過激的無產階級，他那種過激程度可想而知了，及到那個時候，侵畧者不但所霸佔的主要經濟受總同盟罷工的損害，即他的生命也恐難保。而且過激主義闊行大步，到處瀰蔓，侵畧者簡直可說是沒有存在餘地。那麽，列强把各民族的經濟解放，維持平等關係，就是他自己的自衞，并不是被侵畧者獨受其福了。

三　領土解放　若租界，租借地，所謂勢力範圍，皆須停止，割讓地則聽民族投票自決所屬。領土和人的關係，領土好比人的身體，身體是人的根本，領土是一民族的生活地盤。人不是氣體，不能憑空生活，人是動物，必以領土的地盤爲他的根據。而領土的巨港大灣，好像人的呑納機關和排瀉機關，這種機關若是爲强者閉塞把持，則雖有靈敏的腦筋，活潑的血脈，是同死人一般，他必拚命奪同他。前俄國爲了這種出入機關，竟不惜苦里米亞戰爭，俄土戰爭，日俄戰爭。而意大利爲一小小的阜姆港灣問題，竟有脫退國際聯盟的威嚇。今列强霸佔我國海口，或作軍港，或作自由市的商埸，使我政治不能統一，軍備不能完整。每次內亂革命，多藉這種特別區域，儼然作爲中立緩衝地，戰爭不能遂行，統一多有妨碍。因此有害通商所招的損失，還要求我

九　太平洋會議我國應提出三解放議案

國賠償，違背國際公決眞是無理取鬧。——參看第十八卷第十一號東方雜誌拙作「內亂損害賠償與國際法」——

且霸佔人的要地或港灣，防禦土着民族的反抗，或其他意外的襲擊，軍費自然浩大，只徒增加他本國人的負担。這費原本歸於土着民族出的，今因强佔的緣故，把這全部費用，讓與本國人負担，好像拿本國人的血汗租稅，來替異族作爲軍費一樣。美國有一部分人主張菲律賓獨立，就是菲島軍備太大，本國負担過重的緣故。所以列强歸還租借地，讓土着民族自治，各國的負担，便可減少。至若割讓地，則應一聽人民自決所屬，這是免除愛爾蘭的紛糾，比較得失，列强解放異族的領土，是彼此都有益的。

上所說的三解放，解放政治是解放民族的腦筋，解放經濟是解散民族的血脈，解放領土是解放民族的身體。前世紀解放奴隸，而爲自由人民，經濟活動能率爲之大進。那麼解放被壓制民族而爲自由民族，文明發達程度必更迅速。世界文化早歸於一致，化除異樣色彩，這便是到四海同胞的理想世界的惟一手段。所以中美俄三國若要擁護民族自決的主義，不可不於此下手。

至若對於軍備限制問題，中國也要要求列席。何以呢？因爲我國現在軍隊數目，實居各國之上，關係很大，若不平等列席，列強獨裁其政，那又變成寡頭政治，參列的弱小國和中國必不能心服，而且藉口代表未有容隊，便沒有遵從義務的危險。美國不招待俄國，現俄國竟公然有此聲明，這是美國失了打算，可是最注意的事。現將主要各國的軍備列左，以便作爲參考。

各國兵士一人對人口比例

日	現在二三〇人	戰前二四〇人
英	二〇〇	二七〇(除印度)
美	四三〇	一〇七〇(除護國軍)
法	五四	五〇
意	一二〇	一一六
中國	三六〇	四七〇

和蘭 一八〇 一七〇

瑞典 六〇 五〇

各國陸軍兵力

中國 八〇〇·〇〇〇人

法國 七五〇·〇〇〇（其中內地軍三十五萬）

美國 四〇〇·〇〇〇 外有豫備軍七萬人（正規軍二十三萬護國軍七萬）

英國 三〇四·〇〇〇（正規軍二十萬殖民地十萬地方軍四千）

日本 二九〇·〇〇〇（二十一個師團四騎兵旅團三砲兵旅團三航空大隊）

意國 二〇〇·〇〇〇

至若戰時動員，美國可卽時立於第一線的人有二百萬人。法國也說能準備四百萬人。

飛行機若以美國爲十，則日本爲一，若以英國爲二十，則日本爲一。

列强海軍勢力——據英國白皮書 White Book 所載，本年二月一日爲止。——

英　戰鬪船二九　戰鬪巡洋艦八　輕巡洋艦六二　飛行機母艦六　水雷艇二五九
　　潛水艦九七

美　戰鬪船四七　戰鬪巡洋艦六　輕巡洋艦二五　飛行機母船二　水雷艇三一八
　　潛水艦一四九

日　戰鬪艦一五　戰鬪巡洋艦九　輕巡洋艦一七　飛行機母艦一　水雷艇一一二
　　潛水艦三八

德　戰鬪艦八　輕巡洋艦八　水雷艇四四

法　戰鬪艦一一　輕巡洋艦五　水雷艇一二九　潛水艦六五

俄　戰鬪艦一四　戰鬪巡洋艦四　輕巡洋艦九　水雷艇一二六　潛水艦五八

意　戰鬪艦一三　輕巡洋艦一〇　水雷艇一六三　潛水艦六八

十　太平洋會議國民的三大後援

一國打戰，有當火線的，也有後備的。僅有當火線的，沒有後備接濟，那麼當火線的雖有天大的能，也是等於沒用。所以這次太平洋會議，若僅靠政府獨當其衝，國民毫不關心，與以多大後援，那就像打戰有當火線的沒有後備一般。故國民的後援，是萬不可少的。至若後援的方法，我以爲有三種。

十　太平洋會議國民的三大後援

一　人選問題　南北政府共派代表，那是當然的事。而國民的方面，我主張也要選去三種人。

甲　全國學生聯合會，特選二十人。但聯合會必由各地分會組織，而分會也必由各校組織，空招牌的全國學生聯合會，不足代表全國學生的眞正意見。

乙　全國商界聯合會特選二十人。這一種聯合會，須由各地商會組織。各地商會在現在情况，好像組織完備，不足憂慮。但將聯合會組織，略加注意，便沒問題。

丙　全國智識階級特選四十人。所謂智識階級，不是廣意的，是狹意的。我的意思，只有四種人有這資格。(A)中學以上敎員，(B)新聞記者，(C)律師，(D)著述家。但這四種人，沒有聯合組織，只新聞記者和律師有單獨的同業聯合會，其餘二者沒有甚麼劃一團體。我以爲新聞記者團和律師團各選出十人外，其餘二種由各省敎育廳定期分別召集，選出各三人，再集一適中之地，復各選十人，則智識階級四十人於是乎成。這裏有一問題，著述家的資格是怎麽限定呢？我以爲凡有著譯專書，或新聞雜誌有投稿而登載的人，都有著述家的資格。

二 宣傳問題 宣傳全靠通信報告靈敏，乃現今我們全國各地新聞雜誌的海外電報以及百項材料，都是全抄日本的大阪每日新聞及大阪朝日新聞。通信機關這樣貧弱，耳目這樣遲頓，怎能應付那樣緊急的太平洋問題？况且日本近來正極力進行他的宣傳政策，亂造謠言，煽惑人心，眞是令人不寒而慄。

東京二十二電 日本外務省情報部，特費三百萬日金，努行宣傳。以爲此次之華盛頓會議，實可視爲一種宣傳之戰，特選拔情報部內之於英語最嫻熟書記二人出發赴美，作爲宣傳隊。

宣傳政策，是怎麽利害，我就舉一實例出來，大家就可知道。美國自始自終是擁護中國，沒有一回事曾有危害於我國。這次太平洋會議，他更想把中國弄得完全自由，機會均等，自不用說。

十 太平洋會議國民的三大後援

十　太平洋會議國民的三大後援

乃日本大阪每日新聞於八月十二日報紙上，造出驚人動魄的一條紐約特電，實有妨害中美兩國的外交不少，今將全文錄左。

一華盛頓會議，樹立中國不分割原則。他的領土及主權，使其行於各租借港灣，並使其恢復那種地方的行政司法。

二華盛頓會議宣言中國在政治上爲完全獨立國。但確認現在狀態，若果沒有外國援助，不能希望他的領土的完全。

三順應上項的必要，特爲中國創設一國際委員會，附以特定責任，使他保護監視中國的獨立。若中國同他國訂結條約，讓與領土或經濟的利權，須經國際委員會承諾。

四中國管理國際委員會常監視門戶開放主義的原則或實際果然嚴守與否。

五現在經合法手續爲外人所有的經濟財政及商業上的施設，曾得國際委員會承認了的，不受沒收或妨害。

六解決日本人口問題，承認他移出過剩人口是正當行爲，以滿洲全部使他遂其經濟的發展。其他西比利亞的東南地方，即接近朝鮮滿洲地方，須為日本開放某種經濟資源。

七中國及日本有拒絕外國人種移民的權利，各得自由籌畫分布人口保持人種及經濟的均衡。

八中國及日本以外的各國，有自由拒絕日本及中國的勞動移民。

九國際委員會對於中國的私黨紛爭，不加干與，也不援助那一方。

十日本經濟發展所被許可的地方，日本對於通商貿易的機會均等及門戶開放，不得加以防害。

我們看見這個電文，早料到是日本亂造的。果不出數日，中國報上揭載我國公使報告，說國際共管一事的是不確。

八月二十二日北京晨報所載。

美國政府對於十一月之太平洋會議，提出國際共管中國一案，經日人努力宣傳，國人因之大起恐慌。政府亦以此事關係我國存亡，特電駐華盛頓公使施肇基，囑令速即詳查此說之

十　太年洋會議國民的三大後援

起因，據實電覆。昨聞政府己得施使覆電，略謂電悉，頃得美國國務卿許斯氏正式通告，竭力否認其事。並謂美國政府對於中國內政實無絲毫干涉之意。且太平洋會議開會在卽，美國方圖力伸公理，更無破壞中國之理云云。

現在我們既知道日本的宣傳政策着實利害，我們不可不想出對抗的方法，同他爭個輸贏。那麽，

第一　就要通信獨立，方法在建設世界第一的無綫電信台於上海和各國傳遞眞正消息，表示我們國民對於太平洋會議的決心，也可用以作爲我國國民對於太平洋會議一個特別紀念。電報費，最好是不收爲上，以便廣爲宣傳，務將世界新聞——尤以太平洋會議新聞——詳詳細細，傳入全國國民耳朶。若是必需取費，總以徵收實費或三分之二實費，乃爲最當。取費過高，新聞便停滯過簡，不得要領。上海以外各地，用既設的無線電信台，互相傳遞。

第二　遣派駐外電報通信員，現在我們國內新聞幼稚，資本薄弱，不能遣派優秀的海外電報通信員。現在上海時事新報和北京晨報雖有特派員駐紮海外，據我看來，電報通信既不能辦

到，而普通通信，亦僅學理的或學究的材料，對於國際外交的重要資料，可說是一點都沒有。所謂特派員，都是目的不在通信，在當學生得些津貼，抄人報章罷了。這也難怪，經費太不充足，所以弄到這步田地。那麽，日本方面的電報既信不過，中國的新聞又沒力量派遣海外電報通信員，只好全國民起來，組織一大海外電報通信協社，派遣得力人員駐紮關係最深的國，用義務的或最廉價的報酬，傳佈全國報館，那麽，外交方才不落人後。

第三　政府和智識階級，要常和外國通信員聯絡，使他把我們國民的眞意傳遞到外國。我們單獨曉得外國的情況，外國不曉得我們的眞相，那就生了格閡，意志便不能達。

三　經費問題　前次凡爾塞和會，中國代表團經費時常短缺，曾臨時向外國借欵，日本大不爲然。他以爲別國都借欵於中國，中國可拿這筆錢作爲宣傳費，抵抗日本，這已是日本吃虧不小，而且各國都借與中國，獨日本一國不借，又未免與日本强國面子有關，若是借欵給中國麽？那簡直是借刀給盜，使他殺自己一樣。日本百般用計阻碍我國外交，進行不少，這次太平洋會議，可不要再蹈覆轍，要先把款籌好，以免臨時抱佛脚，坐失千載一遇之機。

十 太平洋會議國民的三大後援

這項費用，若照我的計畫，除開代表團費用外，如建設世界第一無線電信台費，電報通信費，宣傳費等，比較凡爾塞和會用度更多。我以爲籌這樣巨額的欵項，可照上春北五省旱災籌欵辦法，組織一國民外交籌欵後援會，全國於一定日期，大大募捐三日。募捐員分站各街，請求捐欵。已捐者佩以符號，以與未捐者兩相區別，務必人人都捐，數目不拘多少。以外補助的方法，如少女賣花，中西音樂會，也可以施行。外交費本由國庫支出，無如現在情形，南北分立，各部部員尙且罷工，那能夠顧到外交費？所以這次太平洋會議的中國外交費，只好由國民大家起來援助，免得臨時出醜侮辱國體。

至於集款多少，可是難定。例如拿電報通信來說，大阪每日新聞的天天的海外電報費，至少要三千日金，當歐洲戰爭緊急時，一日電報費三萬日金是常事。又前次凡爾塞和會，日本代表團的機密費爲百六十萬日金，宴會費十八萬日金，旅費薪俸五十二萬七千九百六十一日金，而這次的宣傳費竟已準備三百萬日金，費用這樣浩大，我們國民非大大的勸誘和覺悟，怎能和日本比武呢？

十一　中美俄三國同盟與擁護民族自決

吾人默想一八一五年歐洲專制皇帝的神聖同盟，想用兵力壓倒自由主義，一時威風凜凜，真是利害。然美國門羅大總統一八二三年致國會敎書，及一八二四年英國外務大臣坎寧致西班牙公文，大大宣言擁護亞美利加大陸殖民地的獨立，反抗神聖同盟的干涉主義。卒至一八三〇年七月法國革命，自由主義遂壓倒專制主義，極占優勢。更到一八四八年二月法國革命，一時權勢赫赫的專制主義，乃一敗塗地，竟不復起。

當時神聖同盟的中心，是俄墺普三國；而擁護自由的中心，便是英美二國。乃不到百年，英國反同亞洲的日本，想再演神聖同盟的故事，我們就可以參照歷史，聯絡美俄二國，結成三國同盟，來和他們對抗，竭力擁護各地的民族自決，照世運看來，這種担子，正是我們應當負担的。我很希望全國民一鼓作氣，把我們應當做的事，用一瀉千里之勢，傾倒出來，盡力鼓吹中美俄三國同盟，完了我們的義務，方不負這次千載一遇的太平洋會議的機緣呀！

民國十年八月二十六日午後四時半脫稿

十一　中美俄三國同盟與擁護民族自決

太平洋會議與中美俄同盟 終

民國[illegible]印刷
民國[illegible]九月發行

◉定價大洋二角不折扣◉

中美俄同盟

著者兼發行者 陳霆巽 北京西城砲廠二十五號寄宅

印刷者 北京大學新知書社 北京乾麵胡同東口三號

總發行所 北京大學新知書社

北京南池子大街新知書社分發行所及各省特約代派處

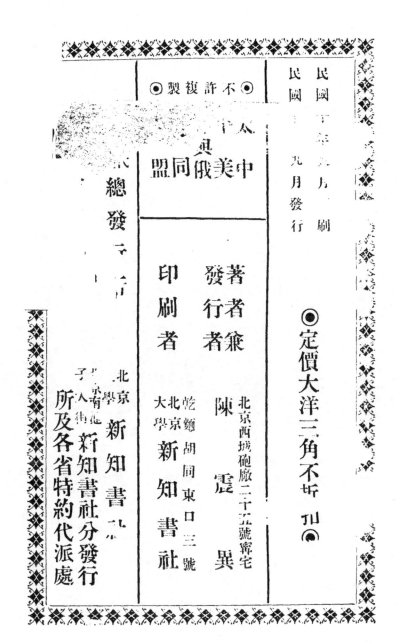